CAMBODGE

LE ROI

La Famille Royale

ET

Les Femmes du Palais

par

ADHÉMARD LECLÈRE
RÉSIDENT DE FRANCE

SAIGON

Imprimerie-Librairie CLAUDE & Cie

1905

CAMBODGE

LE ROI

LA FAMILLE ROYALE

ET

Les Femmes du Palais

CAMBODGE

LE ROI

LA FAMILLE ROYALE

ET

Les Femmes du Palais

PAR

ADHÉMARD LECLÈRE

RÉSIDENT DE FRANCE

SAIGON
Imprimerie-Librairie CLAUDE & Cie.
1905

INTRODUCTION

On ne sait plus guère en Europe ce que furent les cours de nos rois, celles des empereurs, et comment elles étaient composées. On a même oublié, en France au moins, la hiérarchie des princes et des princesses de sang royal. Tout cela est maintenant dans un lointain tel que la cour de Charles IX avec ses 8000 personnes qui ne pouvaient se loger dans quelques villes que ce fut, sauf Paris, (ce qui, lors des déplacements, obligeait les princes à faire halte à trois ou quatre lieues de distance l'un de l'autre),— que la cour de Louis XIV avec son ordonnance magnifique, sa multitude de nobles, de dames, de laquais et de servantes, son étiquette méticuleuse,— nous paraissent fantastiques comme un conte arabe ou persan (1). La Révolution a balayé tout ce faste que la bassesse, la vanité et la fureur de s'avancer et de jouir rendaient possible. Les mœurs ont changé en Europe ; les maisons royales sont mises sur un pied en rapport avec l'importance des listes civiles que les princes ont été obligés d'accepter soit de leurs sujets, soit de leurs ministres ; elles sont moins ruineuses pour l'Etat, pour les rois eux-mêmes et surtout moins gênantes pour les maîtres et les domestiques. Elles ne sont plus des cours. Il faut aller en Asie,— où déjà tout s'effrite,— pour trouver une vraie cour, avec sa hiérarchie de princes et de serviteurs, une étiquette mesquine et tatillonne qui rappelle celles de l'ancienne Europe. Or, les nations de cette partie du monde ne sont pas celles qui marchent à la tête de la civilisation.

Le véang du roi du Cambodge, le vangsa du roi de Siam et les cours de plusieurs princes indiens vassaux de l'Angleterre, peuvent encore nous permettre d'imaginer ce que ces institutions, ce que ces maisons royales étaient dans l'Inde des Rajas, avant l'apparition des Européens sur le bord de l'Indus et du Gange, quand leur puissance était réelle et leurs ressources immenses. Cependant nous n'avons plus sous les yeux que des servivances, souvent appauvries, souffreteuses, d'un état de chose à tout jamais disparu et que ne comportent plus les nécessités que notre présence impose partout aux nations de l'Asie. Ce sont cependant ces survivances, ces bribes des institutions du passé,— qui vont bientôt disparaître, qui seront dans quelques années oubliées de tout le monde,— qui m'intéressent, qui m'attirent et que j'ai entrepris d'étudier et de décrire dans mes

---

(1) Voy. dans *Revue des Deux Mondes* (1er oct. 1904, pages 588-593, article *La Grande-Mademoiselle*, à propos du voyage de Flandre, ce qu'était la cour de Louis XIV en déplacement.

livres. Aujourd'hui, c'est une cour asiatique, c'est la famille royale du Cambodge que je veux faire connaître, sa hiérarchisation, son organisation à l'intérieur, les titres des princes, des princesses, des reines, des femmes du roi, des servantes et des suivantes qui sont attachées soit à la personne du roi soit à celles des reines.

Les européens du Cambodge eux-mêmes ne savent rien ou peu de chose du palais. Ils croient que le sdach-luong peut élever dans la hiérarchie des femmes telle femme qui lui plaît et que rien ne l'oblige, qu'il est en un mot un roi absolu dont notre présence seule tempère l'absolutisme. C'est une erreur : l'Asie est un pays de despotisme où le roi, vrai monarque, est le maître suprême, le Un de *La Boétie*, je n'en disconviens pas, mais l'Asie ne serait pas l'Asie si, — autocrate par rapport à tous ses sujets, princes, ministres, notables et roturiers, — le roi n'était pas bridé, obligé, maîtrisé par les rites, les coutumes, les usages mêmes et la crainte superstitieuse de les violer et, en les violant, de déchoir en présence de son peuple, de mécontenter les ancêtres et de mériter la colère des dévatas.

On verra par ce qui suit que le roi du Cambodge est, même chez lui, même dans sa famille, même avec ses femmes et ses domestiques, un souverain dont le pouvoir est tempéré par les usages, c'est-à-dire par l'œuvre de ceux qui l'ont précédé sur le trône, qui ont tendu les lizières qui limitent son action et l'obligent à être à peu près ce qu'ils ont été, à respecter les institutions qu'ils ont établies, amendées ou maintenues, qu'il est en fait un roi constitutionnel, beaucoup plus lié à la règle, aux rites civils et religieux, que *Louis XIV* ne l'était aux traditions de la monarchie française.

C'est donc la famille royale et le palais intime que je me propose de faire connaître. J'espère qu'on ne trouvera pas cette étude trop fastidieuse et qu'on me pardonnera de lui donner toute l'ampleur qu'elle comporte en faveur du désir que j'ai d'être, sinon agréable à lire, du moins intéressant et utile à l'étude de la constitution de ce peuple cambodgien que nous commençons seulement à connaître, dont les mœurs intimes, les coutumes royales, les cérémonies religieuses sont encore en grande partie ignorées, ou, ce qui est plus grave, mal connues de nous. J'ai le sentiment de servir la cause de l'histoire, celle de l'ethnologie, de la sociologie et de donner, aux psychologues et aux philosophes, des éléments d'étude qui leur permettront d'apprécier la mentalité si différente de la nôtre et la moralité si autre de ce peuple que nous avons entrepris de gouverner et d'aiguiller sur une autre voie que celle que son passé avait tracée pour lui.

CAMBODGE

LE ROI

LA FAMILLE ROYALE

ET

Les Femmes du Palais

PREMIÈRE PARTIE.

I

Le roi.— Le vice-roi.— Le sous-roi.

1.— Le premier personnage du royaume est le Roi dont le titre est, uniformément pour tous les rois, celui de *Préas bat sâmdach préas âmmachas chivit lœu thbaung*, c'est-à-dire « éminente base, roi suprême, éminent maître suprême de la vie au-dessus des têtes ».

On le désigne aussi sous ce titre : *sdach luong*, ou *sdach luong réach* qui a le sens de « roi régnant ». Le mot *sdach* parait être le mot khmèr qui, avec l'infixe *âm*, a donné le superlatif *sâmdach*, roi suprême ; le mot *luong* parait d'origine khmère, avec le sens de roi ; le mot *réach* est le mot sanscrit *râja* altéré par la prononciation cambodgienne qui, du *ja*, a fait le *cho*. Aucun de ces mots n'a seul le sens de "roi" avec la valeur que nous accordons à ce mot en Europe. Tous les membres de la famille royale sont *sdach, luong* ou *réach*, de même que, dans l'Inde, tous les princes et toutes princesses sont *râja* ; mais joints ils désignent le roi seul.

Quant au mot *sâmdach*, il a cessé d'avoir le sens de "suzerain" ; il est devenu un titre que portent le roi, les sous-rois dont je parlerai tout à l'heure, la reine-mère, les reines, le chef des religieux et d'autres encore.

On désigne aussi le roi par l'expression *luong machas chivit* (1), le « roi maître de la vie » qui ne convient qu'à lui parce que lui seul a droit de haute justice ; et par celle-ci : *chau krung Kâmpouchéa*, « roi du royaume du Cambodge », qu'on devrait correctement transcrire Kâmboje. On le dit aussi *âmmachas* ou *machas phèn dey* « maître de la surface

---

(1) Pâli *jivita*m, vie.

terrestre », mais cette expression est assez rare. Enfin on l'appelle quelquefois *machas kaurna pisés* (1), le « maître chef de la pitié, de la miséricorde », qui implique son plus bel attribut, celui de faire grâce.

2. — Au-dessous du roi, il y avait autrefois l'*Obayouréach*. qu'on écrit aussi mais moins fréquemment *Ophayouréach*. Ce mot paraît composé des sanscrits *upa* « sous », *yuva râjâ* « roi associé », sens qu'il n'a jamais eu au Cambodge où le roi associé était dit *snâng-luong*. Il paraît avoir été un vice-roi sans pouvoir.

Ce personnage était jadis la seconde personne du royaume.

Son titre était celui que prenait un roi qui avait abdiqué, ou qu'un roi donnait à un prince qu'il voulait écarter du trône au bénéfice d'un autre auquel il donnait le titre d'Obaréach, ou qu'un prince, qui remplissait les fonctions de roi qu'il n'était point, prenait pour marquer qu'il n'aspirait pas à le devenir. Il semble bien en effet que l'héritier présomptif était l'Obaréach, parfois associé au pouvoir, et non un autre prince. — Ce titre n'a pas empêché certains Obayouréach de parvenir au trône.

Le titre et la fonction d'Obayouréach n'existent plus au Cambodge depuis Préas Outey mort en décembre 1777, qui avait abdiqué en 1775 (2).

3. — Au dessous de l'Obayouréach ou du roi quand il n'y avait pas d'Obayouréach,— par exemple de 1777 à 1903, — il y avait l'*Obaréach* (3) ou « sous-râja », sous roi. Ce titre était celui que le roi donnait au prince qu'il désignait comme son successeur, mais cette désignation n'obligeait pas les hauts dignitaires qui, le roi mort, procédaient à l'élection ; toutefois il était une recommandation (4). — L'Obaréach se trouvait donc être sous-roi et prince héritier.

Le prince qui a régné sous le nom de Noroudam, et qu'on appelait Chrélang dans son enfance, Angk-Votey dans son adolescence, était Obaréach de son père Angk-Duong. Le roi actuel, Sisavath, a été Obaréach du 28 mai 1870 au 24 avril 1904, date de la mort de Noroudam et de son élévation au trône du Cambodge.

Son titre était alors *luong obaréach* ou *sdach obaréach*.

---

(1) Pàli *karuna visesso*.
(2) Il était roi depuis 1758.
(3) Pàli *uparâja*, sous-roi, près du roi.
(4) Voy. dans les *Voyages de Siam, de Cambodge et de Laos*, de Mouhot, la réponse que les dignitaires firent à Prasat-Thong, roi de Siam, en 1851, quand il leur recommanda son fils : « Sire le royaume a déjà son maître ». Et ils mirent sur le trône le Chao-Fa qui en avait été écarté par son frère en 1824.

Ce titre et cette fonction, qui n'en était plus une depuis longtemps, sont aujourd'hui supprimés, conformément à une résolution prise en 1870 que le prince Sisavath serait le dernier Obaréach.

II

La reine-mère

Au-dessous de ces trois personnages considérables : le roi, le sous-roi ou obayouréach et un autre sous-roi, l'obaréach, héritier présomptif de la couronne, il y a la Reine-mère.

Cette haute dame peut avoir été la première reine, *akkamâhésey* (1), mais elle peut aussi avoir été *préas ménéang* comme la mère du roi Noroudam et comme celle du roi Angk-Duong, c'est-à-dire une femme de souche roturière qu'un souverain du Cambodge ne peut pas prendre en légitime mariage sans moralement déchoir. Son origine roturière n'a pas empêché le fils qu'elle a eu du roi, de parvenir au trône. Elle est reine-mère, mais son titre est déterminé non par sa haute situation mais, — et c'est bien asiatique, — par sa condition sociale d'origine.

1. — Si la mère du roi régnant a été reine *akkamâhésey* ou *mâhésey* c'est-à-dire princesse d'origine, son titre est *sâmdach préas vor-réachchini* (2) « excellente, éminente, très haute reine », ou *sâmdach préas vor-réach méata* (3) « excellente, éminente et très haute mère du roi ».

2. — Si elle est d'origine roturière, — quelqu'ait été son rang et son titre à la cour, — elle n'a pas droit au *réach* (*râja*, reine) du titre précédent; elle est dite *sâmdach préas voréachini* (4) « excellente, éminente, très haute reine » ou *sâmdach préas voréa méata* « excellente, éminente, très haute mère », ou encore mais assez rarement *sâmdach préas kánlong* « excellent, éminent passage ».

Ces derniers titres étaient ceux de la mère de Noroudam, décédée en 1897.

Quelque soit son origine et son titre, la reine-mère avait droit au parasol à trois étages et à un apanage de trois provinces qu'elle administrait elle-même et dont elle percevait tous les revenus.

---

(1) Pâli *aggamahési*, reine.
(2) Certainement du pâli *vararâjini*, très haute reine.
C'est donc *réachini* que devraient écrire les cambodgiens et non *réachchini*.
— On verra ci-dessous, par le titre que prend une reine-mère d'origine roturière, que le titre bien écrit devrait être *vor-réachi-réachini*, en pâli *vararâjirâjini*.
(3) Du pâli *mata*, mère.
(4) Pour *vorréachini*, du pâli *vararâjini* « très haute reine ».

III
Les trois reines

Au-dessous de la reine-mère, il y a les reines ou principales épouses du roi.

1.— Ces principales épouses sont au nombre de trois. Les anciennes coutumes, la loi de l'antiquité, donnaient : à la première, le titre de *préas âkkâmâhésey;* à la seconde, celui de *préas mâhésey*; et, à la troisième, le titre de *préas tépi.* Une ordonnance de Angk-Duong, de laquelle je n'ai pu savoir la date, a maintenu le titre de *préas âkkâmâhésey* pour la reine principale, et donne aux deux reines qui la suivent le titre de *mongkol tévi* et de *tévi mongkol.*

Lorsque ces trois reines paraissaient à une cérémonie publique, l'*âkkâmâhésey* prenait place au milieu des deux autres mais un peu en avant, la *mongkol tévi* à sa droite, la *tévi mongkol* à sa gauche.

2.— Ces trois classes de reines correspondent aux trois classes d'épouses des dignitaires et des roturiers (*namœun* et *réas*) : la *piriyéa*, *prâpon thom* ou grande épouse ; l'*anupiriyéa* ou *prâpon kândal*, épouse du milieu ; la *téasapiriyéa* [1], *prâpon chong* ou épouse du bout. On voit par l'appellation populaire *thôm, kândal* et *chong* (grande, milieu et bout), que ces épouses n'avaient pas à siéger et que leur rang est ici indiqué d'après la place qu'elles doivent occuper quand elles marchent sur la route : la grande épouse en tête, la seconde au milieu, la troisième au bout, derrière la seconde.

3. — La condition sociale et les titres que les reines reçoivent ne dépendent pas absolument du roi. L'origine d'abord, puis la manière dont telle femme est devenue l'épouse du roi, reine, créent son rang et déterminent son titre, d'après la loi (*chbap*), les coutumes (*tûmnim*).

Deux conditions sont nécessaires pour qu'un mariage soit, dans le peuple considéré comme mariage de premier ordre : 1º que les mère et père consentent au mariage ; 2º que le mariage soit célébré conformément aux usages du pays.

Dans la famille royale, trois conditions sont indispensables pour que l'épouse soit digne de son mari, pour que l'épouse du roi soit absolument

---

(1) Sanscrit *priya*, épouse ; — *anupriya*, épouse à côté ; — *dâsipriya*, épouse esclave.

digne du roi : 1º que la fiancée soit princesse ; 2º que ses parents aient préparé la cérémonie du mariage (*réáp apéah-piphéah* (1), c'est-à-dire donné leur consentement à l'union ; 3º que l'eau consacrée du vase *klâs* ait été répandue sur les deux époux avec la conque marine (*réachéáphisék srôch tuk klâs tuk sângkh*).

L'épouse du roi qui réunissait ces trois conditions jadis était dite *ar-ákkâmâhésey* (2), première reine.

La princesse qui n'a pas été obtenue de ses parents, que le roi a prise lui-même, *yok khluon*, pour parler comme la Loi, mais dont le mariage a été célébré rituellement, n'avait pas droit à l'*ar* qui distinguait autrefois la grande reine; son titre était *préas ákkâmâhésey* « éminente et première reine », alors même qu'il n'y avait pas de reine au-dessus d'elle.

La princesse, qui était devenue l'épouse du roi sans avoir été obtenue de ses parents et dont le mariage n'avait pas été célébré rituellement, n'avait pas droit au titre d'*ákkâ* « première »; elle était simplement *préas mâhésey* « éminente reine ».

L'ordonnance royale de Angk-Duong a apporté quelques modifications à cet ordre: il n'y a plus qu'une *mâhésey* ou reine.

4. — Il ressort de ce qui précède que la princesse unie en union libre au roi, alors même qu'elle était la seule reine, n'était que *préas mâhésey* avant Angk-Duong.

Deux femmes sous le roi Noroudam ont été *ákkâmahésey*: Préas Angk machas Inguon, fille du roi Angk-Chan, qui vécut jusqu'en 1881, et Préas Angk machas Darakar, sa cousine germaine, fille de l'obaréach Angk-Êm, frère de Angk-Duong, qui mourut en 1868.

5. — Voilà légalement les seules femmes du roi qui, parce qu'elles sont d'origine royale, sont en principe dignes de mettre au monde un prince héritier présomptif, et d'être première reine. — En fait, d'autres femmes que des princesses ont été mères de rois: la mère de Angk-Duong, néang Ros, qui n'était pas d'origine princière, qui n'avait pas été obtenue de ses mère et père, dont le mariage n'avait pas été célébré,

---

(1) Pâli *âpâho* etc.
(2) Pâli *aggamahesi*. — La préfixe *ar* (l'*r* ne se prononce pas; il est là pour éviter la confusion avec l'*a* privatif qui est ou familier ou méprisant devant les noms propres ou les titres) n'a qu'une valeur conventionnelle mais non étymologique; elle sert à distinguer cette *ákkamâhésey* de la suivante, dont une des conditions du grand mariage n'a point été remplie.

n'était que *néak néang*; la mère de Noroudam, néang Pén [1], qui était fille d'un juge, qui avait été obtenue de ses parents et mariée conformément aux usages du royaume, n'était que *néak monéang*. — La mère du roi actuel, néang Pou [2], qui était la fille d'un haut dignitaire, qui fut avec le consentement de ses père et mère mariée à Angk-Duong, alors second fils vivant de Angk-Chan, n'était aussi que *néak monéang* [3].

IV
Les femmes du palais

1. — *Les tépi*. — Au-dessous de ces trois reines, — qui, conjointement mais inégalement, pouvaient être les reines du roi, et qui constituaient une première classe d'épouses royales, celle des *mâhésey*, — il y avait la classe des *tépi* qui ne pouvaient se recruter que dans la caste des préas vongsa ou membres de la famille royale, non princes ou princesses. Elles pouvaient être aussi nombreuses que le désirait le roi. — Depuis l'ordonnance de Angk-Duong, elle ne peuvent plus être que deux, mais il y a toujours trois sortes de *tépi*, et ce qui détermine ces espèces, c'est le caractère de l'union royale.

Si une fille de préas vongsâ a été obtenue de ses père mère et si le mariage a été célébré, elle est *préas bàrom réach tévi* [4] « éminente et haute royale dévi (déesse princesse). »

Si le roi l'a épousée rituellement mais sans l'avoir obtenue de ses parents, elle est *préas bàrom tépi* [5] « éminente et haute dévi » ;

Si elle n'a pas été épousée rituellement, elle est appelée *préas réach tépi* [6] « éminente et royale tépi ».

L'ordonnance de Angk-Duong a décidé que la première ou la seconde de ces tépi serait *mongkol tépi*, que la seconde ou la troisième serait *tépi mongkol*, selon le cas, et qu'il n'y aurait plus que deux tépi. On a vu plus haut que la première siége à la droite de la reine et que l'autre siège à sa gauche.

---

(1) Décédée en 1896.
(2) Décédée le 23 juin 1868.
(3) On dit indistinctement *monéang* et *ménéang*.
(4) Pâli *paramarâjadevî*, très haute princesse royale.
(5) Pâli *paramadevî*, très haute princesse — *Tévi* et *tépi* ont le même sens, sont les deux formes khmères du même mot pâli, *devî*, l'une moins altérée que l'autre. La première, probablement pour cette raison, est considérée comme plus noble que la seconde.
(6) Pâli *râjadevî*, princesse royale.

2. — *Les piyô*. — La troisième classe des femmes du roi est celle des *préas piyô* qui ne peuvent être que les filles d'un premier ministre (*âkkâmâhaséna*).

S'il y a eu consentement des parents et mariage rituel, elle est dite *préas bârom Piyô* (1) « éminente, haute et plaisante ».

S'il n'y a eu que mariage rituel, elle est *préas réach piyô* « éminente, royale et plaisante ».

Si le roi l'a prise lui-même et sans cérémonie, elle n'est plus que *préas piyô* « éminente et plaisante ».

L'ordonnance royale de Angk-Duong limitait leur nombre à quatre. En outre des titres ci-dessus dits qui caractérisent leur situation, elle leur donnait les titres personnels suivants :

1° *Chéat-satrey* « née noble ».
2° *Srey-ka hnhar* « fortunée jeune femme ».
3° *Téau-thida* « fille de *téau* ».
4° *Achchhara-aksa* « nymphe de l'air, (2) ».

3. — Les *méyou*. — La quatrième classe est celle des *préas méyou* (3) qui sont des filles de hauts dignitaires, *namœun*.

Elles sont *préas* « éminentes », et dites : dans le premier cas, *préas bârom méyou* ; dans le second *préas réach méyou* ; et dans le troisième *préas méyou* seulement.

L'ordonnance royale de Angk-Duong a aussi fixé à quatre le nombre des méyou et leur a donné les titres suivants :

1° *Sochéat-néari* (4) « femme de haute famille ».
2° *Siri-kanhnha* « fortunée jeune femme ».
3° *Tép-lakkhana* (5) « divin signe ».
4° *Eriya-aksar* (6) « brise de l'air ».

4. — *Les femmes inférieures*. — La cinquième classe des femmes du roi est celle des filles de conseillers (*mukh-montrey*), de bonne famille (*trakaul*),

---

(1) Pâli *paramapiya*, très haute et plaisante.
(2) Voici les mots pâlis qui concourent à composer ces titres : *jata khattiyî* (s. *kshatriyî*), née noble ; *sirî kanna*, fortunée jeune femme, ou vierge ; — *dhita*, fille ; — *accariakâsa*, nymphe de l'air. — Je n'ai pas encore pu définir le sens du mot khmêr *téau*, qui se retrouve dans *châmtéau*.
(3) *Mé*, femme, — *you*, probablement du pâli *yuva*, jeune.
(4) Pâli *sujâtinarî*.
(5) Pâli *devilakkana*.
(6) Pâli *iriyakasa*.

de petits fonctionnaires (*préas ponhéa*), de serviteurs (*khnhôm*), de roturiers libres (*prey-ngéar*), d'esclaves d'Etat (*néak-ngéar* ou *pol*). — Il est entendu que le roi ne peut songer à se marier rituellement sans déchoir avec l'une de ces femmes et les relations qu'il a avec elles sont qualifiées de *ruom-prá-véni* « accouplement ». D'ailleurs, le roi ne les prend généralement pas au palais avec l'intention d'en faire ses concubines ; il les demande pour en garnir sa cour ou bien on les lui offre, et, dès leur entrée, elles reçoivent d'après leur origine un titre qui les distingue les unes des autres. Si le roi les honore d'un rapprochement, elles entrent au nombre de ses concubines et reçoivent un titre qui est aussi déterminé par leur origine. Ainsi :

La fille d'un conseiller entre au service du palais comme *préas snâm* et peut y devenir *préas ménéang* ; — une fille de bonne famille qui entre *préas kromokar* peut y être un jour *préas srœngkéar* ; — une fille de petit fonctionnaire, après avoir été *préas srœngkéar* peut devenir, par faveur intime du roi, *préas snâm* qui est le titre d'une fille de conseiller qui n'a pas été honorée par le roi ; — une fille de serviteur royal, de *préas bâmrœu* peut être *srey-kar ;* — une fille d'homme libre ou d'esclave d'Etat, de *préas srey-kar* à son entrée au palais, peut devenir *préas kromokar*, qui est le titre d'une fille de haute famille que le roi n'a pas reçue dans sa couche.

— Angk-Duong a ramené ces cinq catégories à quatre en supprimant celle des *srey-kar*, et a donné le titre de *préas snâm* aux filles de bonne famille honorées par le roi, celui de *srœngkéar* aux filles de petits fonctionnaires qui pouvaient autrefois prétendre à celui de *préas snâm*. Il a fixé, d'abord à quatre, le nombre des **néak préas ménéang** auxquelles il donnait un titre particulier, puis, revenant sur sa décision, il a statué qu'il n'y aurait plus qu'une **néak préas ménéang** mais qu'il y aurait, au-dessus d'elles, six *préas néang* ayant chacune un titre.

Dans la première organisation, la première *néak préas ménéang* avait le titre de *préas srey chéat baupha* (1) « fleur née fortuné ; » — la seconde était *préas masabavar* (2) « éminente fleur du mâsa » (le *phaseolus radiatus*, un haricot) ; — la troisième *préas bassa késar* (3) « femme-bonne; » la quatrième *préas kantho bautûm* (4) « parfum du lotus. »

---

(1) Pâli *sirijatipubbha*.
(2) Pâli *mâsapuppha*.
(3) Pâli *pasakesari*.
(4) Pâli *kandhapaduma*.

Dans la seconde organisation, la *néak préas ménéang* avait le titre de *srey tép kanhnhar* « fortunée et jeune déesse » ; — la seconde était *préas ménéang* et avait le titre de *cham soda duong* ; — la première des préas néang était *cham sochéat baupha* « peau veloutée de fleur » ; — la seconde *soda bâvar* « agréable fleur » ; — la troisième *srey tép âkasa* « fortunée déesse de l'air » ; — la quatrième *sokonthoros néasi* « excellent et suprême parfum » ; — la cinquième *phal tép soda chéat* « agréable produit de la lune » ; — la sixième *kanth méali* parfum de mallika » (le jasmin d'Arabie).

— Les quatre *préas snâm* sont dites *néak préas néang* et portent respectivement les titres suivants qu'elles ajoutent à celui-ci : la première *phal tép sovann* (1) « brillant et divin fruit » ; — la seconde *sokonth ottoros* (2) « parfum supérieur » ; — la troisième *pidau sayaphéas* « parfum du soir » (3) ; — la quatrième *siri yosa sayéa* (4) « réputation excellente et fortunée. »

— Les quatre *srœngkéar* sont dites *néak néang* et respectivement : — la première *chéat kinari* (5) « née kinari » ; — la deuxième *srey kinara* (6) « fortunée kinari » ; — la troisième *kénor kiriyéa* (7) ; — la quatrième *kinara-krêlasâ* « kinari du kailasa », le mont de Shiva.

— Les quatre *préas kromokar* ont le titre commun de *néak* et chacune un titre particulier : — la première *chavi sôphéan* (8) « peu resplendissante » ; — la seconde *yuvanna sopha* (9) « jeune et radieuse » ; — la troisième *sôpha mângsa* (10) « radieux ichneumon » ; — la quatrième *kâlya kési* (11) « charmante chevelure ».

— Nous voici en présence de cinq classes d'épouses du roi déterminées par leur origine : princesse, de famille royale, ministérielle, de bonne famille, populaire. L'origine est le fait principal.

---

(1) Pâli *phaladevisuvanna*.
(2) Pâli *sugandhauttara*.
(3) Pâli *sâyavâso*.
(4) Pâli *siriyasaseyya*.
(5) Pâli *jatakinarî*.
(6) Pâli *sirîkinarî*.
(7) Pâli *kinari kiriya*.
(8) Pâli *chavisophano*.
(9) Pâli *yuvânasobha*.
(10) Pâli *sobhâmungusa*.
(11) Pâli *kalyana kesî*.

Mais nous nous trouvons aussi en présence de quatre sortes d'unions : — l'union consentie par les parents et consacrée par une cérémonie, — l'union consacrée par une cérémonie,— l'union sans consentement et sans consécration qui paraît être le concubinage,— enfin l'accouplement c'est-à-dire la passade.

Les quatre premières classes de femmes nous donnent : — un mariage de premier ordre, — un mariage de second ordre, — et le concubinage. — La cinquième ne nous donne que des passades et des jeunes femmes vierges qui, dans diverses fonctions inférieures, avec des titres plus ou moins brillants, se tiennent à la disposition du roi et attendent avec impatience ses faveurs intimes et les privilèges, les biens qu'elles confèrent.

Ces dernières sont les *préas snâm* et les *préas srœngkéa* qui sont les suivantes ou pages femmes, *sau lék*, qui formaient autrefois la garde féminine du roi ; puis les *préas kromokar* ou femmes qui dirigent le service des domestiques (*srey kar*), des esclaves d'Etat (*ngéar* ou *pol*) et des autres esclaves (*khnhôm*) qui sont dites *bârabat* (1) « sous la dépendance d'autrui ».

Elles constituent ensemble la classe des *srey bâmrœu sdach* ou « femme du service royal », ou le *krom préas baromo réach véang* « le service du haut palais royal », ou bien encore le *puok chau néak phâng* « la compagnie de tous les gens ».

— Ce qui est curieux dans cette organisation, c'est que les concubines royales peuvent se recruter parmi les descendantes du sang royal, les filles du premier ministre, celles des premiers dignitaires de l'Etat, et occuper des rangs, avoir des titres supérieurs à ceux des épouses légitimes.

5. — *Les surveillantes*. — Pour la surveillance de toutes ces femmes, il y a les vieilles dames qui, étant de bonne maison et devenues veuves, ont été admises au palais : elles sont dites *néak-yéay*, vieilles dames, ou *âk-yéay*, premières vieilles, les matrones.

Au-dessous d'elles, il y a les veuves de petits fonctionnaires que le roi leur a jointes. Ce sont les *chas-tûm* ou « vieilles mûres », les duègnes.

Les *néak-âk* et les *chas-tûm* servent de chaperons, de duègnes quand les dames du palais sortent en ville ; elles sont chargées de les surveiller.

6. — *Les dames des dignitaires*. — Au travers de tout ce monde, habitant à l'extérieur du palais mais y venant journellement, figurant aux

---

(1) Sanscrit *paravat*.

cérémonies, il y a les épouses de l'*akkamâhaséna* et celle des *châto-sdam* (quatre colonnes) ou quatre ministres. Ces dames sont dites *chûm-téau* ou *khonang* si le roi leur a donné audience.

S'il ne les a pas reçues, elles sont *louk-srey*. C'est généralement le titre qu'on donne aux femmes de deuxième et troisième rang des ministres, quand elles vont aux palais.

— Autrefois, au-dessus des *khonang*, il y avait la *mé-huor*, l'épouse du *sdach méakh* ou roi de trois jours du mois de Méakh-thom.

V
Les enfants du roi

Le roi du Cambodge qui, en outre de sa grande épouse, peut avoir légalement des femmes de second, de troisième rangs, épouses ou non, puis des concubines, qu'il ne peut pas épouser, le voulut-il, et enfin des passades, — est une sorte de patriarche. Il en a les plaisirs, les droits, mais il en a aussi les charges et les obligations. De même qu'il doit un rang social et un titre à ses femmes, même à celles qu'il n'a honorée de ses faveurs royales qu'une fois, un titre — non déterminé par son caprice ainsi que le faisaient nos rois — mais fixé par la condition sociale d'origine à laquelle appartient la nouvelle épouse, concubine ou passade,... de même il doit aux enfants que ces femmes lui donnent un rang, un titre, une condition sociale déterminés par les titres de leur mère à la cour, en fait par la condition sociale de ces femmes avant leur entrée dans le harem royal. Ce n'est donc pas la condition du père ni l'ordre de géniture qui classe les fils et les filles du roi, mais d'abord le rang de leurs mères, puis, entre les enfants de la même mère, le rang de géniture. L'enfant, d'une *tépi*, par exemple, est toujours d'un rang supérieur à celui d'une *piyô*, fut-il né dix ans après ce dernier ; j'ajouterai d'une *piyô*, fut-elle épouse, alors que la *tépi* ne serait que concubine.

Mais si le roi est obligé de donner à ses fils et à ses filles le rang qu'il leur doit, il a le droit de choisir entre ses enfants ceux qu'il veut munir d'une fonction et même, autrefois, celui qu'il voulait élever au rang d'Obaréach et désigner ainsi aux grands dignitaires de la couronne pour son successeur au trône.

— Cela dit voyons quels étaient et quels sont encore les titres honorifiques que le roi doit conférer aux enfants qu'il obtient de ses nombreuses épouses et concubines.

1. — *Les sâmdach.* — Dans l'ancienne organisation, les enfants des deux premières reines étaient dits *sâmdach*. Dans celle qui date de Angk-Duong les enfants de la seule *âkkamâhésey* ont droit à ce haut titre. Le fils de la première reine, *ar-âkkamâhésey* ou *âkkamâhésey* était *sâmdach préas réach tanay* (1), c'est-à-dire « excellent et éminent fils royal. »

Se fille était dite *sâmdach préas ratana réach thîdâ* (2) « excellente, éminente et précieuse fille royale. »

Le fils de la seconde reine était *sâmdach préas réach oros* (3) « excellent, éminent et propre fils royal (prince) ».

Sa fille était *sâmdach préas réach thida* (4) « excellente et éminente fille royale (princesse) ».

2. — *Les préas réach.* — Les enfants de la troisième reine, la *mâhésey* autrefois et maintenant la deuxième *tépi*, sont dits *préas réach* « éminents princes (5) ou princesses. »

Ses fils sont *préas réach oros* « éminents et propres fils royaux. »
Ses filles sont *préas réach thida* « éminentes princesses ».

3. — *Les réach.* — Les enfants des *préas piyô*, petits fils d'un âkkamâ-haséna quelque soit le genre de mariage, forment la classe des *réach* (6).

Les garçons sont dits *réach oros* « propres princes ».
Les filles sont *réach thida*, « princesses ».

4. — *Les préas.* — Les enfants des *préas méyou*, conséquemment petits-enfants par leurs mères de ministres, *namœun*, sont *préas* (7) quelque soit le titre de leur mère et la régularité de leur naissance.

Les garçons sont dits *préas oros*, princes légitimes.
Les filles sont *préas thida*, éminentes princesses.

5. — *Les botr et botrey.* — Les enfants des femmes d'origine inférieure à celle des filles de *namœun*, qu'elles soient *préas ménéang*, *préas*

---

(1) Pâli *râjatanaya*. — Ce titre correspond au titre siamois de *somdét nô putthi chao* « excellent rejeton du sage seigneur. »
(2) Pâli *râtanarajâdhita*.
(3) Pâli *râja orasa*, prince légitime.
(4) Pâli *râja dhita*, princesse, fille royale.
(5) Ils correspondent au Siam aux *louk luong êk* « enfants royaux du premier rang ».
(6) Ils correspondent au Siam aux *louk luong* « enfants royaux ».
(7) Ils correspondent au Siam aux *phra yaovarat*, pâli *yuvarâja*, jeunes princes.

snâm, préas srœngkéa, préas kromokar ou *sreykéa*, qu'ils soient issus de relations habituelles ou passagères ne sont plus *tanay, oros* quand ils sont du sexe masculin, *thida* quand ils sont du sexe féminin. Ils sont *botr*, et *botrey*. Les expressions se valent en langue pâli, mais *tanay* (*tanaya*) *oros* (*orasa*), *thida* (*dhîta*) paraissent plus nobles que *botr* (s. *putra*) et *botrey* (*putri*) à l'entendement des cambodgiens.

Si les enfants de ces femmes avec lesquelles un roi ne peut contracter un mariage rituel ont un mot générique pour les désigner d'après leur filiation paternelle, chacune des catégories dans lesquelles ils entrent a son titre propre, déterminé par l'origine des mères et fixe leur filiation maternelle.

Ainsi, les garçons d'une *préas ménéang*, par conséquent petits-fils d'un ministre, sont dits *sâmdach préas réach botr* « excellents et éminents fils royaux » ; — ses filles sont dites *sâmdach préas réach botrey* « excellentes et éminentes filles royales. »

Les garçons d'une *préas snâm*, petits-fils de bonne famille, perdent le *sâmdach* et sont *préas réach botr* « éminents fils royaux » ; — ses filles sont *préas réach botrey* « éminentes filles royales. »

Les garçons d'une *préas srœngkéa*, petits-fils d'un petit fonctionnaire, perdent le *préas* et sont *réach botr* « fils royaux » ; — ses filles sont *réach botrey*.

Les garçons d'une *préas kromokar*, conséquemment petits-fils de roturiers libres, perdent le *réach*, mais prennent le *préas* et sont *préas botr* « éminents fils » ; — ses filles sont *préas botrey* « éminentes filles. »

Les garçons d'une *préas sreykar*, petits-fils d'esclaves, ne sont plus que *botr* « fils » ; — et les filles sont *botrey* « filles. »

— Cependant, bien que tous ces titres soient d'autant moins élevés que la mère est de race moins noble, tous ces enfants de rois sont *machas*, c'est-à-dire « princes et princesses », ou *préas angk* [1] « éminentes personnes ».

— Il faut remarquer ici que, pour dix catégories de femmes du roi, il n'y a que cinq classes de princes et princesses: les *sâmdach*, les *préas réach*, les *réach*, les *préas* et les *botr* ou *botrey*, mais que la dernière comprend cinq sous-classes: les *sâmdach préas réach*, les *préas réach*, les *préas*, les *réach* et enfin les simples *botr* ou *botrey*.

---

(1) Pâli *anga*, corps, personne.

— Il faut encore remarquer que la bâtardise ne déclasse pas plus les enfants du roi que le concubinage les princesses royales. Un fils de princesse, non mariée au roi et qu'il a prise sans le consentement de ses parents, est plus que le fils d'une femme de la famille royale qui n'a pas droit au titre de princesse mais que le roi a obtenue de ses père et mère et épousée solennellement. — Et il en est ainsi dans toute la série ; c'est la condition d'origine de la mère qui détermine le rang des enfants, non le genre d'union que le roi a formée avec elle (1).

VI
Les petits-enfants du roi

Au-dessous des enfants du roi quelque soient leurs mères, — qui sont *machas* « princes, princesses », et *préas angk* « éminentes personnes » ou encore *préas angk machas*, — il y a ses petits-enfants, qui ne sont ni princes ou princesses, ni éminentes personnes, et qui forment la classe des *préas réach vongsâ* (2) ou des « éminents membres de la famille royale ». Leur rang de *vongsâ* est déterminé à la fois par le rang et par l'origine de leurs père et mère. Ainsi :

1.— *Les préas ângk.* — Si deux *préas ângk*, c'est-à-dire un fils du roi et une fille du roi (on sait que le mariage entre enfants du même père et de mères différentes sont autorisés dans la famille royale), se prennent pour mari et femme, leurs enfants ne déchoient pas ; ils restent *préas ângk*.

---

(1) Il n'est pas certain que sous le régime patriarcal il n'en était pas toujours ainsi. Quoiqu'il en soit, aux premiers temps de notre histoire, les bâtards ne se distinguaient guère des enfants légitimes :
Charles Martel, était un bâtard de Pépin d'Héristhal et il évinça du pouvoir que son père avait usurpé le fils légitime Theudoald que leur père commun avait désigné pour son successeur. — Guillaume-le-Conquérant était bâtard. — Ce n'est d'ailleurs qu'en 817, dans la fameuse *Divisio imperii*, que les bâtards sont déclarés incapables de succéder ; mais hors de France ils ont conservé leur droit jusqu'en plein XVIIe siècle ; le père d'Henri IV, mariant sa fille bâtarde, exige en retour de la dot qu'il lui donne qu'elle renonce à ses droits éventuels à la couronne de Navarre. — Louis XIV et d'autres rois avant lui ont légitimé leurs bâtards et des princes légitimés ont pu, sous la minorité de Louis XV, aspirer, le cas échéant, au trône de France et songer à en écarter la branche cadette.
(2) Pâli *râjavamsa*, famille royale.

2. — *Les préas vongsâ*. — Mais si un prince (*préas ângk*), ou une princesse, se marie avec une personne non *préas ângk*, leurs enfants n'ont pas droit au titre de prince ou princesse ; ils sont *préas vongsâ* « éminents de la famille royale ».

Si deux *préas vongsâ* se marient ensemble, leurs enfants ne déchoient pas ; ils restent *préas vongsâ*.

3. — *Les ângk*. — Si un *préas vongsâ* épouse une fille de classe inférieure, ou si une fille *préas vongsâ* épouse un homme qui n'est pas de son rang, leurs enfants sont dits *ângk*.

Ce sont les petits-enfants du roi, portant les titres de *préas ângk*, de *préas vongsâ*, de *ângk*, qui forment la classe des *préas réach-vongsâ* proprement dite.

Les suivants constituent celle des *rông-chhma*, expression qui paraît signifier « les petits », ou des *anuvongsa* (1), expression pâlie qui veut dire « près la famille royale ».

4. — *Les ângk préas nhéat*. — Si un *ângk* épouse une femme de classe inférieure ou si un homme de classe inférieure épouse une femme de la classe des *ângk*, leurs enfants sont *ângk préas nhéat* (2), mais leur appellatif est *néak*.

Il en est de même pour les enfants qui proviennent d'un mariage entre deux *néak*, ils sont *néak*.

5. — Mais si un *néak* ou une *néak* épouse une personne de souche inférieure, leurs enfants sont *réasth* (3) c'est-à-dire « sujets » gens du peuple qu'on nomme aussi *prey-ngéa* « gens du travail libres » *chau*, sieur, et dont les femmes sont dites *néang*, dame (4).

---

(1) Pâli *anuvamsa*, après la famille
(2) Pâli *nátto*, près.
(3) Sanscrit *râstra* royaume ; *râstriya*, du royaume. — Le mot *réasth* se prononce *réas* en cambodgien.
(4) Au-dessous des hommes libres, dits *chau*, on trouvait il y a quelques années, les *néak-ngéa* « gens de travail » ou *pol* qui étaient des esclaves d'Etat, et les *khnhôm*, serviteurs, qui étaient les esclaves des particuliers. Ils étaient appelés de leur nom précédé du préfixe méprisant *a* et leurs femmes étaient *mé*.

VII
Les ascendants et collatéraux du roi

L'arrivée d'un prince au trône du Cambodge anoblit ses ascendants, ses oncles et tantes, ses frères et sœurs, ses neveux et nièces. Ses fils et filles naissent princesses et leurs enfants sont dits de sang royal ; ses gendres, ses brus sont anoblis. Ils sont tous *sâmdach préas*. Quand à leur degré de parenté avec le roi, il est indiqué par un ou deux mots pâlis qui ont le sens de nos mots grand-père, grand-mère, oncle, tante, etc. Ainsi :

1. — *Les ayeux*. — Le grand-père paternel du roi est *sâmdach préas mâhâyikô* (1).

Son grand-père maternel est *sâmdach préas âyikô* (2).
Sa grand-mère paternelle est *sâmdach préas mâhâyika* (3).
Sa grand-mère maternelle est *sâmdach préas âyika*.

— Si ces deux aïeux et ces deux aïeules du roi ont eux-mêmes des ascendants, ceux-ci portent respectivement les même titres ; le *chbap* que j'ai sous les yeux explique naïvement : « On ajoute à ces titres pour indiquer le degré d'ascendance les mots *tuot, luot, léa* ou *chi-ba chong-kol* qui peuvent se traduire par « arrière, bi-arrière, tri-arrière, et grand-père du bout de la famille, de la souche ».

On se figure difficilement la rencontre d'un aïeul aussi éloigné que le dernier, mais ces titres servent aussi à désigner les ascendants après leur mort.

2. — *Les oncles et tantes*. — L'oncle aîné paternel ou maternel du roi est dit *sâmdach pitaro* (4).
Sa tante aînée paternelle ou maternelle est dite *sâmdach préas méatala* (5).
Son oncle jeune paternel ou maternel est dit *sâmdach préas pitachhô* (6).
Sa tante jeune paternelle ou maternelle est *sâmdach préas méatochha* (7).

3. — *Les neveux et nièces*. — Le neveu du roi est dit *sâmdach préas phéakineyyô* (8).

---

(1) Pâli *mâhâyyako*, grand aïeul.
(2) Pâli *ayyiko*, aïeul.
(3) Pâli *mâhâyyikâ*, grande aïeule.
(4) Pâli *pituro*, oncle.
(5) Pâli *matala*, tante.
(6) Pâli *pituccho*, oncle.
(7) Pâli *matuccha* tante.
(8) Pâli *bhagineyyo*, neveu ; *bhagineyya*, nièce.

Sa nièce est *sâmdach préas phéakineyya*.

4. — *Les frères et sœurs*. — Le frère ainé du roi est dit *sâmdach préas riém khsatra* (1).

Sa sœur ainée est *sâmdach préas riém khsatrey*.

Son frère jeune est *sâmdach préas anoch khsatra* (2).

Sa sœur jeune est *sâmdach préas anoch*.

5. — *Les fils et filles*. — On a vu plus haut quels sont les titres auxquels les enfants du roi ont droit. Par rapport au roi et à leur mère, alors que dans le peuple les fils et filles sont dits *kaun pros* « enfant garçon », et *kaun srey* « enfant fille », ils sont appelés du mot sanscrit *botr* et *botrey* (3).

Quand on parle d'eux et dans les actes publics, ils sont dits : les garçons *sâmdach préas réach botr* et les filles *sâmdach préas réach botrey*.

6. — *Les petits-fils et petites-filles*. — Ses petits-fils sont dits *sâmdach préas réach náttô* et ses petites-filles sont *sâmdach préas réach natta*.

7. — *Les gendres et brus*. — Ses gendres sont dits *sâmdach préas sonisa*, et ses brus sont *sâmdach préas svamey* (5).

8. — Si la reine est d'origine roturière, l'accession du prince, son mari, au trône du Cambodge anoblit toute sa famille et la fait entrer dans la classe des *préas nhéat vongsâ* « près de la famille. »

---

(1) Sanscrit *khsattriya*, homme arya ; *kshattriyî*, femme arya. — La forme pâlie est *khattiyo, khattiyî*.
(2) Pâli *anujo, anuja*, plus jeune.
(3) Sanscrit *putra*, fils ; *putri*, fille ; — la forme pâlie est *putto, putta*.
(4) Sanscrit *svâmin*, bru.

DEUXIÈME PARTIE

I

Les épouses de l'Obayouréach et de l'Obaréach

1. — *Les tépi.* — Alors que les trois premières épouses du roi étaient *mâhésey* avant la réforme de Angk-Duong et que la première a conservé ce titre depuis cette réforme, les trois premières épouses de l'Obayouréach et de l'Obaréach qui sont aussi d'origine princière ne peuvent être que *tépi*. On se rappelle que ce titre était autrefois, au palais du roi, celui des épouses du second rang et que, depuis la réforme, il est celui des deuxième et troisième femmes, alors qu'il ne peut plus y avoir qu'une *mâhésey*.

Ces trois *tépi* ont droit au titre de *préas* : — la princesse qui a été obtenue de ses parents et épousée conformément aux coutumes est dite *préas âkkatépi* ; — la princesse épousée rituellement mais non obtenue de ses parents est *préas réach tépi*, qui est le titre d'une concubine royale d'origine *préas vongsâ* ; — la princesse qui n'a été ni obtenue de ses père et mère ni épousée rituellement n'est que *préas tépi*.

2. — *Les ménéang et néang.* — Si l'Obaréach ou l'Obayouréach épousent une femme d'origine *préas vongsâ*, fille de l'*âkkamâhaséna* ou d'un ministre, avec le consentement des mère et père, conformément aux rites, cette femme est *néak ménéang* ; — *ménéang* est le titre d'une concubine royale d'origine ministérielle ; mais alors que la concubine du roi est *préas* « éminente », les *ménéang* de l'Obayouréach et de l'Obaréach ne sont que *néak* « madame » ; — si cette femme a été épousée selon les rites mais non obtenue de ses parents, elle est *préas néang* « éminente dame » ; — si elle n'est que concubine, elle est *néak néang* « madame » ; — si elle est fille d'un sujet libre, d'un esclave d'État, d'un esclave de particulier, elle est seulement *néak* « dame ».

3. — *Les femmes du palais.* — Le palais de l'Obayouréach est dit *préas mâha réach véang* [1] « éminent grand palais royal » ; celui de l'Obaréach est dit *préas bavar réach véang* « éminent palais royal du chef » [2]. Les femmes de ces palais sont dites *néak snâm* « dames du service ».

---

(1) Au Siam, *Vangna*.
(2) Pâli *pavaro*, chef.

II
Leurs enfants.

1. — Les enfants de l'Obayouréach et ceux de l'Obaréach sont princes *(machas)* et font partie de la classe des *préas ángk* « éminentes personnes », comme les fils du roi, mais l'expression qu'on emploie pour dire qu'ils sont fils ou filles de l'Obayouréach ou de l'Obaréach passe pour moins noble que celle employée pour les fils légitimes du roi. Ils sont : les garçons ; *préas réach botr* ; les filles *préas réach botrey.*

2. — Cependant si l'Obayouréach est un ancien roi qui les a eus lorsqu'il était sur le trône, de même que les enfants du roi défunt, ils conservent les titres qu'ils ont portés, alors même qu'ils ne les auraient pas reçus en naissant. (Ils peuvent être nés avant le couronnement de leur père).

Conséquemment les enfants de l'Obayouréach (ou ceux de l'Obaréach) qui parvient au pouvoir suprême prennent les titres et les dénominations que nous avons vû plus haut convenir aux fils de rois, comme s'ils étaient nés sur le trône.

III
Les épouses des princes.

I

1. — *Les chéayéa.* — Les épouses des princes qui ont été nommés *(namaka)* à une fonction de l'Etat, même princesses d'origine, sont toutes d'un degré inférieures aux épouses de l'Obayouréach ou de l'Obaréach. Elles ne sont pas *tépi* ; elles sont *chéayéa.*

La princesse, épousée avec le consentement des parents et conformément aux rites est *préas âkkachéayéa* « éminente et royale épouse » ;— la princesse qui est une concubine est dite *préas chéayéa* « éminente épouse ».

2. — *Les ménéang et les néang.* — Quand une fille est d'origine *préas vongsâ*, fille de l'âkkamâhaséna ou d'un ministre, si elle a été rituellement épousée avec le consentement des parents, son titre est *néak ménéang*, « dame ménéang » ; — si elle a été rituellement épousée mais sans le consentement de ses père et mère, elle est *ménéang* ; — si elle est concubine, elle est appelée *néak* ; — si elle est d'origine roturière, esclave de particulier, son titre est *néang.*

3. — *Les femmes du service.* — Les femmes de leur maison, si elles ont été l'objet d'une nomination, sont dites *néang snâm.*

II

Si ces princes n'ont pas été nommés à une fonction d'Etat, leurs épouses sont d'un degré moins élevé que celles des princes en fonction.

1. — *Les ponita*. — La princesse obtenue de ses parents par l'un d'eux et épousée conformément aux usages est dite *àkkaponita*, première *ponita* (1) ; — celle qui n'a pas été obtenue de ses parents mais qui a été régulièrement épousée est *préas réach ponita* ; — celle qui n'est que concubine est dite *préas ponita*.

2. — *Les ménéang et les néang*. — Si cette femme est non princesse, mais *préas vongsâ*, fille d'àkkamàhaséna ou de ministre, et si elle a été obtenue de ses parents, épousée conformément aux rites, elle est *ménéang* ; — si elle a été régulièrement épousée mais non obtenue de ses mère et père, elle est *néak* ; — si elle est concubine elle est *néang* ; — enfin si elle est fille d'un homme du peuple, d'esclave d'Etat ou d'esclave ordinaire *khap-khar* « populace », elle est aussi *néang*.

3. — *Les femmes du service*. — Les femmes du service de la maison des princes sont dites *srey-snâm* ou *khap-khar*.

---

(1) Pâli *vanitâ*, épouse.

TABLE DES MATIÈRES

	Pages
Introduction	5

PREMIÈRE PARTIE.

I. — Le roi, le vice-roi, le sous-roi	7
II. — La reine-mère	9
III.— Les trois reines	10
IV.— Les femmes du palais	12
1. — *Les lépi*	12
2. — *Les piyó*	13
3. — *Les méyou*	13
4. — *Les femmes inférieures*: préas ménéang, préas snâm, préas srœngkéar, srey kéar, etc.	13
5. — *Les surveillantes*	16
6. — *Les dames des dignitaires*	16
V.— Les enfants du roi	17
1. — *Les sâmdach*	18
2. — *Les préas réach*	18
3. — *Les réach*	18
4. — *Les préas*	18
5. — *Les botr et botrey*	18
VI.— Les petits-enfants du roi	20
1. — *Les préas ângk*	20
2. — *Les préas vongsa*	21
3. — *Les ângk*	21
4. — *Les ângk préas nhéat*	21
VII.— Les ascendants collatéraux et descendants du roi	22
1. — *Les ayeux*	22
2. — *Les oncles et tantes*	22
3. — *Les neveux et nièces*	22
4. — *Les frères et sœurs*	23
5. — *Les fils et filles*	23
6. — *Les petits-fils et petites-filles du roi*	23

DEUXIÈME PARTIE.

I.— Les épouses de l'Obayouréach et de l'Obaréach	24
II.— *Leurs enfants*	25
1. — *Les enfants de l'Obayouréach ou de l'Obaréach*	25
III.— Les épouses des princes	25
I. — 1. — *Les chéayéa*	25
2. — *Les ménéang et les néang*	26
3. — *Les femmes du service*	26
II. — 1. — *Les ponita*	26
2. — *Les ménéang et les néang*	26
3. — *Les femmes du service*	26

www.ingramcontent.com/pod-product-compliance
Lightning Source LLC
Chambersburg PA
CBHW062000070426
42451CB00012BA/2386